UNAUFHALTSAMER GLAUBE

WEITERE BÜCHER
VON JOSEPH PRINCE

Iss dich zu Leben und Gesundheit

Die Heilkraft des Abendmahls

Schluss mit negativen Gedanken

Verankert

Lass los und lebe

Das Gebet des Schutzes

Die Revolution der Gnade

Die Kraft des richtigen Glaubens

Unverdiente Gunst

Zur Herrschaft bestimmt

Heilungszusagen

Versorgungszusagen

*Mehr Informationen zu seinen Büchern und
anderem inspirierenden Material findest du auf:
www.josephprince.de und www.gracetoday.de*

JOSEPH PRINCE

Unaufhaltsamer Glaube

31 GEDANKEN FÜR EIN ALLES ÜBERWINDENDES LEBEN

AUS DEM ENGLISCHEN VON
GABRIELE KOHLMANN

Die englische Originalausgabe erschien im Verlag
22 Media Pte. Ltd. unter dem Titel *Unstoppable Faith*.
Copyright © 2020 by Joseph Prince. Published by
arrangement with 22 Media Pte. Ltd., www.josephprince.com.

Die Deutsche Nationalbibliothek verzeichnet diese Publikation
in der Deutschen Nationalbibliografie; detaillierte bibliografische
Daten sind im Internet über https://www.dnb.de abrufbar.

Bibelzitate, sofern nicht anders angegeben, wurden
der Einheitsübersetzung entnommen. © 2016 Kath.
Bibelanstalt GmbH, Stuttgart. Alle Rechte vorbehalten. Alle
Bibelübersetzungen wurden mit freundlicher Genehmigung
der Verlage verwendet. Hervorhebungen einzelner Wörter
oder Passagen innerhalb von Bibelzitaten wurden vom Autor
vorgenommen.

ELB   *Revidierte Elberfelder Bibel,*
       © 2006 SCM R.Brockhaus, Witten.
GNB   *Gute Nachricht Bibel,* revidierte Fassung,
       © 2000 Deutsche Bibelgesellschaft, Stuttgart.
HFA   *Hoffnung für alle,* © by Biblica, Inc.®, hrsg. von Fontis.
NLB   *Neues Leben Bibel,* © 2006 SCM R.Brockhaus, Witten.
SLT   *Bibeltext der Schlachter,* © 2000 Genfer Bibelgesellschaft.

Zitate aus den folgenden Bibeln
wurden aus dem Englischen übersetzt:
NLT   *New Living Translation,*
       © 2007 by Tyndale House Foundation.
NKJV   *New King James Version,* © 1982 by Thomas Nelson, Inc.

Buchgestaltung: © 22 Media Pte. Ltd.
Corporate Design & Satz: Gabriel Walther – gabrielwalther.com
Übersetzung: Gabriele Kohlmann
Lektorat: Thilo Niepel
Druck: CPI – Clausen & Bosse, Leck
Printed in Germany

1. Auflage 2020

© 2020 Grace today Verlag, Schotten
Taschenbuch: ISBN 978-3-95933-176-0, Bestellnummer 372176
E-Book: ISBN 978-3-95933-177-7, Bestellnummer 372177

www.gracetoday.de

EINLEITUNG

Wie oft hast du insgeheim schon gedacht: *Wenn ich nur mehr Glauben hätte, würde ich mein Wunder empfangen?*

Freund, der Herr wollte nie, dass der Glaube ein Hindernis zwischen dir und deinem Durchbruch ist.

Glaube ist nicht schwer. Der Glaube ist einfach. Er kommt vom Hören, dem Hören des Wortes Christi (siehe Röm 10,17) – durch das wir erfahren, was unser Herr Jesus am Kreuz für uns vollbracht hat. Seine große Gnade uns gegenüber ließ ihn die Strafe für unsere Sünden bezahlen, sodass wir heute nicht nur das ewige Leben im Himmel, sondern auch das überfließende Leben hier auf der Erde empfangen können.

Der Herr hat mir gezeigt, dass er uns in unserem Glauben sieht, wenn wir ihn in seiner Gnade sehen. So einfach ist der Glaube.

Unaufhaltsamer Glaube entsteht, wenn wir seine unaufhörliche Gnade sehen.

Wenn du das Gefühl hast, dein Glaube sei schwach, dann wende deinen Blick von dir selbst und deinen Umständen ab.

Halte inne.

Selah.

Sieh ihn.

Ich habe dieses Buch geschrieben, um dir zu helfen, genau das zu tun – mehr von unserem Herrn Jesus und seiner Gnade zu sehen. Wenn dein Glaube auf einem Tiefpunkt ist, hör dir eine Predigt über das Evangelium an, öffne deine Bibel oder denke über die Wahrheiten in diesem Buch nach. Das wird deinen Blick von dir selbst und sogar von deinem Glauben weglenken und auf die Güte und Gnade unseres Herrn Jesus richten.

Mach dir keine Sorgen, wenn dein Glaube klein ist. Jesus sagte: »Denn, amen, ich sage euch: Wenn ihr Glauben habt wie ein Senfkorn, dann werdet ihr zu diesem Berg sagen: Rück von hier nach dort! und er wird wegrücken. Nichts wird euch unmöglich sein« (Mt 17,20).

Was für ein ermutigender Gedanke. Nimm dir Zeit, den Vers noch einmal langsam zu lesen.

Selbst dann, wenn dein Glaube klein ist, *wird dir nichts unmöglich sein.*

Das klingt nach unaufhaltsamem Glauben.

01

GEDANKE

Unaufhaltsamer Glaube entsteht, wenn wir seine unaufhörliche Gnade sehen.

Aber das Volk, das seinen Gott kennt,

wird sich stark erweisen und

entsprechend handeln. — Daniel 11,32 ELB

Bist du in einer Situation gefangen, die so unüberwindbar scheint, dass du denkst, nur jemand mit einem Berge versetzenden Glauben (Mt 17,20) wäre in der Lage, sie zu bewältigen? Vielleicht glaubst du, deine Mittel seien ausgeschöpft – du hast jeden Spezialisten konsultiert, hast alle Banken abgeklappert oder hast alle verfügbaren Möglichkeiten erkundet. Und jetzt wünschst du dir, du hättest den unaufhaltsamen Glauben, den Kaleb hatte, als er am Fuß eines Berges stand, den alle für unbezwingbar hielten, und ihn mit einem schallenden »Gib mir diesen Berg!« bezwang.

Mein Freund, Glaube ist nicht nur einer kleinen Elite vorbehalten. Glaube ist keine Sache, die du selbst aufbringen musst oder durch eigene Willenskraft erreichen kannst. Er kommt mühelos, wenn du unseren Herrn Jesus in seiner Gnade siehst. Je stärker dir bewusst wird, was er am Kreuz für dich getan hat, je gewisser du wirst, dass seine mächtige Kraft in jeder Situation zu deinem Wohl wirkt, desto mehr wirst du zu einer Person des unaufhaltsamen Glaubens angesichts schwieriger Lagen!

Vor welcher Herausforderung auch immer du heute stehst, mach dir keine Gedanken darüber, ob du »genügend« Glauben hast. Lass deinen Glauben ganz außer Acht. Nimm dir stattdessen Zeit, dich in seine Verheißungen zu vertiefen und dich von Predigten zu nähren, die voll mit unserem Herrn Jesus sind. Ich bete, dass du auf diese Weise **in der Offenbarung der unerschöpflichen Gnade unseres Herrn Jesus Christus wachsen wirst** (2Petr 3,18; Eph 1,17) und dass dir die Augen dafür geöffnet werden, wie zutiefst geliebt du bist. Wie vollkommen angenommen und wie überaus kostbar du für den König der Könige bist!

Je größer deine Offenbarung von unserem Herrn Jesus ist, desto kleiner werden deine Ängste und umso stärker wird dein Glaube.

02

GEDANKE

Das Wesen des Glaubens besteht darin, von etwas überzeugt zu sein, bevor man es sieht.

\

*Denn wir wandeln durch Glauben,
nicht durch Schauen. — 2. Korinther 5,7 ELB*

Auf dem Weg, der uns im Glauben zu unseren Durchbrüchen führt, können wir manchmal in unsere alten, natürlichen Denkweisen verfallen, was uns schließlich Dinge sagen lässt wie: *Ich habe gebetet, also warum bloß scheint nichts zu geschehen?* oder *Ich glaube es erst, wenn ich es sehe!* Aber gerade dann, mein Freund, wenn wir unser Wunder noch nicht gesehen haben, kann unser Glaube an seine Gnade aktiv und lebendig sein.

Nutze jeden Augenblick des Wartens auf den Herrn als Gelegenheit, das auszuleben, was in 2. Korinther 5,7 steht: »Wir wandeln durch Glauben, nicht durch Schauen.« Das tun wir, indem wir unseren Fokus verlagern – wir blicken weg von unseren sichtbaren Problemen und schauen stattdessen auf seine unermessliche Macht, seine unerschöpfliche Versorgung und seine grenzenlose Liebe zu uns (2Kor 4,18).

Dein finanzielles Problem oder deine gesundheitliche Herausforderung mag unüberwindbar erscheinen, aber gib nicht auf. Vertraue weiterhin darauf, dass dein himmlischer Vater hinter den Kulissen daran arbeitet, die Situation zum Guten für dich zu wenden. Sein Wort ist ewig und seine Zusagen sind unumstößlich. Wenn du sie noch nicht in Erfüllung gehen sehen hast, bedeutet das nur, dass deine Geschichte noch nicht zu Ende ist!

GEDANKE

Glaube ist kein Gefühl.

Glaube ist die Substanz der Dinge,
die man erhofft, der Beweis für Dinge,
die man nicht sieht. — Hebräer 11,1 NKJV

Glaube ist kein Gefühl. In Hebräer 11,1 heißt es: »Glaube ist die Substanz der Dinge, die man erhofft, der Beweis für Dinge, die man nicht sieht.« Die Wörter *Substanz* und *Beweis* vermitteln ein Gefühl greifbarer, konkreter und nahezu unbestreitbarer Gewissheit. Mach dir keine Gedanken darüber, ob du Glaube »fühlst« oder nicht. Gefühle kommen und gehen, aber der Glaube ist gewiss und zuverlässig, weil er auf Gottes unerschütterlichen Verheißungen beruht.

Es mag Tage geben, an denen deine Emotionen von den Stürmen des Lebens durchgeschüttelt werden, doch richte deinen Blick stets auf den festen Horizont seines Wortes. Möge seine vollkommene Liebe alle Furcht und Angst vertreiben und sein übernatürlicher Friede dein Herz und dein Denken erfüllen.

GEDANKE

Staunenswerter Glaube kommt von einem erstaunlichen Gott.

*Wie viel soll ich noch aufzählen? Es würde zu lange dauern, all die Geschichten über den Glauben von **Gideon, Barak, Simson, Jeftah, David, Samuel** und allen Propheten zu erzählen. Durch den Glauben haben sie Königreiche bezwungen, mit Gerechtigkeit regiert und bekommen, was Gott ihnen versprochen hatte. Sie verschlossen Löwen das Maul, löschten Feuerflammen und entkamen der tödlichen Klinge des Schwertes. Ihre Schwäche wurde in Stärke verwandelt. Sie wurden stark im Kampf und schlugen ganze Armeen in die Flucht.*
— Hebräer 11,32–34 NLB

Der Grund, warum viele von uns in Unglaube und Angst durchs Leben gehen, ist der, dass wir auf uns selbst fixiert sind – auf unsere begrenzten menschlichen Fähigkeiten, Stärken und Kräfte, die eigene Situation zu verändern. Erst wenn wir unseren Fokus auf den Einen verlagern, der über unbegrenzte Ressourcen, endlose Versorgungsmöglichkeiten und unbeschnittene Macht und Wirkkraft verfügt, und wirklich sehen, dass er *uns liebt und auf unserer Seite ist*, werden wir Menschen von unaufhaltsamem Glauben.

In der »Ruhmeshalle« in Hebräer 11 sehen wir die Namen von Gideon, Barak, Simson, Jeftah, David und Samuel. Wusstest du, dass all diese Glaubenshelden, die schier unvorstellbare Widrigkeiten überwanden, als gewöhnliche Menschen angefangen haben? Gideon war zum Beispiel ein Bauer und David ein Hirtenjunge. Und durch diese gewöhnlichen Menschen, die genau wie du und ich waren, tat der Herr phänomenale Dinge, die wir auch heute noch bewundern.

Weißt du, bei einem Leben des besonderen Glaubens geht es nicht darum, wer du bist und was du hast.
Es geht darum, wer *der Herr* ist und was er hat.

Er ist der Herr der Engelsheere, der für dich kämpft. Er ist dein guter Hirte, der sein Leben für dich hingibt. Es gibt für dich nichts weiter zu tun, als in seiner überschwänglichen Liebe zu dir zu ruhen!

05

GEDANKE

Glaube nimmt Gott beim Wort.

Simon antwortete ihm: »Meister, wir haben die ganze Nacht gearbeitet und nichts gefangen. Doch auf dein Wort hin werde ich die Netze auswerfen.« — Lukas 5,5

Es kommt der Moment, in dem sich jeder von uns entscheiden muss, ob wir Gottes Wort als unsere Realität annehmen – unabhängig von unserer gegenwärtigen Situation. Genau wie Petrus, der eine Netze zerreißende, Boote versenkende Ladung von Segnungen bekam, als er dem Herrn Jesus das letzte Wort in seiner scheinbar hoffnungslosen Situation zugestand (Lk 5,4–7), werden auch wir erleben, wie der Herr mit Macht für uns handelt, wenn wir sein Wort die oberste Instanz in unserem Leben sein lassen. Hast du wie Petrus »die ganze Nacht gearbeitet«? Vielleicht hast du unermüdlich geschuftet, aber die Ergebnisse, für die du gebetet hast, lassen sich einfach nicht blicken. Oder vielleicht hast du dich um eine Stelle nach der anderen beworben, aber jede hoffnungsvolle Bewerbung wurde abgelehnt oder – schlimmer noch –, einfach ignoriert.

Du magst vielleicht kurz vorm Aufgeben stehen. Vielleicht bist du so müde, dass du nicht einmal die Kraft hast, zum Herrn zu schreien.

Und doch hat der Herr irgendwie dafür gesorgt, dass dieses Buch zu dir gelangt.

Mein Freund, es ist kein Zufall, dass du das hier vernimmst. Du bist so überaus geliebt. Glaub weiter. Unser Herr Jesus kann die Dinge in einem Augenblick für dich wenden. Glaube ist die Entscheidung, hiervon überzeugt zu sein: Wenn sein Wort etwas sagt, dann ist es auch so. Wenn sein Wort sagt, dass du durch die Striemen Jesu geheilt bist (Jes 53,5), dann ist es auch so. Wenn sein Wort sagt, dass deine Familienbeziehungen sich gut entwickeln (Ps 128,3), dann ist es auch so. Wenn sein Wort sagt, dass er sich um deine Bedürfnisse kümmert und dich mit allem versorgt (Ps 23,1; Phil 4,19), dann ist es auch so. Setze dein Vertrauen auf ihn, indem du ihn heute beim Wort nimmst!

06

GEDANKE

Glaube bedeutet zu leben, als wäre alles schon da.

Darum sage ich euch:
Alles, worum ihr betet und bittet –
glaubt nur, dass ihr es schon erhalten
habt, dann wird es euch zuteil.
— Markus 11,24

Auch wenn du den erbetenen Durchbruch oder das Wunder, für das du gebetet hast, noch nicht gesehen hast, möchte der Herr, dass du glaubst, dass du das Erbetene schon empfangen hast, und dass du anfängst, so zu leben, als hättest du es bereits (Markus 11,24).

Das bedeutet aber nicht, dass du die von deinem Arzt verschriebenen Medikamente nicht mehr nehmen sollst oder dass du Geld ausgeben sollst, das du nicht hast. Paare deinen Glauben *mit Weisheit*. Wenn du dir Heilung erwartest, nimm weiterhin deine Medikamente ein, aber nimm gleichzeitig das Abendmahl und vertraue auf das vollbrachte Werk Jesu. Wenn du um einen finanziellen Durchbruch betest, fang an, gute finanzielle Entscheidungen zu treffen, indem du dich auf seine Weisheit verlässt und darauf vertraust, dass sie dich leitet und an einen Punkt führt, an dem du mehr als genug hast.

Vor einigen Jahren betete ein Ehepaar in meiner Kirche um ein Kind. Monat für Monat wurden sie enttäuscht. Schließlich beschlossen sie, im Glauben zu handeln, und kauften ein Geschenk für das Kind, das sie trotz der anhaltend negativen Ergebnisse der Schwangerschaftstests als ihr Erbe vom Herrn ansahen (Ps 127,3). Bald darauf konnten sie sich auf ein Baby freuen!

Etwas Gewaltiges geschieht, wenn du im Glauben darauf vertraust, dass die Verheißungen Gottes dir gehören, und so zu leben beginnst, als hättest du sie schon: Du bekommst dann noch mehr dazu! Das ist es, was unser Herr Jesus meinte, als er sagte: »**Denn wer hat, dem wird gegeben**; wer aber nicht hat, dem wird auch noch weggenommen, was er hat« (Mk 4,25). Mit anderen Worten: Wer seinen Durchbruch im Glauben ergreift, dem wird mehr gegeben werden. Aber derjenige, der seinen Durchbruch nicht glaubend in Besitz nimmt, obwohl er ihm in Christus ohnehin schon gehört, für den bleibt er außer Reichweite.

Kann ich dich trotz allem, was du im Natürlichen siehst, dazu ermutigen, Vertrauen zu fassen und dich so zu verhalten, als hättest du schon, was laut Gottes Wort dir gehört? Ich glaube fest daran, dass du neben dem, was du haben wirst, auch noch eine Extraportion dazu bekommst!

07

GEDANKE

Nutze deinen Glauben zuallererst für die Gerechtigkeit.

\

Macht euch also keine Sorgen und fragt nicht: Was sollen wir essen? Was sollen wir trinken? Was sollen wir anziehen? Denn nach alldem streben die Heiden. Euer himmlischer Vater weiß, dass ihr das alles braucht. Sucht aber zuerst sein Reich und seine Gerechtigkeit; dann wird euch alles andere dazugegeben. — Matthäus 6,31–33

Im Glauben etwas zu erwarten ist schwierig, wenn man das Gefühl hat, mit dem Herrn nicht im Reinen zu sein. Ob du Heilung, einen finanziellen Durchbruch oder Weisheit für deine Ehe oder die Kindererziehung brauchst, es wird dir schwerfallen, den Herrn darum zu bitten, wenn du das nagende Gefühl nicht loswerden kannst, dass er wegen irgendetwas, das du getan hast, wütend auf dich ist.

Deshalb sagte Jesus in Matthäus 6,33: »Sucht aber zuerst sein Reich und **seine Gerechtigkeit**.« Fällt dir auf, dass wir *seine* Gerechtigkeit suchen sollen und nicht unsere eigene? Seine Gerechtigkeit ist vollkommen, und sie wurde uns zum Geschenk gemacht (Röm 5,17). Jetzt und in alle Ewigkeit hast du die Gerechtigkeit Jesu, und Gott hat geschworen, nie wieder böse auf dich zu sein (Jes 54,9)!

Sorge dich nicht darum, »genügend« Glauben für Heilung, Versorgung oder wiederhergestellte familiäre Beziehungen zu haben. Nutze deinen Glauben für diese eine Sache: Glaube, dass du in Christus gerecht bist (2Kor 5,21). Wenn du das Reich Gottes und seine Gerechtigkeit suchst, verspricht das Wort, wird dir *alles*, wonach die Heiden streben, z. B. Dinge wie Essen, Trinken oder Kleidung, *hinzugefügt* werden.

Ich glaube, dies ist der wichtigste Ansatz, unseren Glauben zu nutzen. Glaube, dass dir aufgrund dessen, was unser Herr Jesus auf Golgatha getan hat, alle deine Sünden vergeben sind und du durch sein Blut vollkommen gerecht gemacht bist. Jetzt können alle Gunst, Versorgung, Weisheit und Segnungen, die auf dem Haupt des Gerechten sind, dir gehören (Spr 10,6). Du kannst vorbehaltlos beten und dabei wissen, dass er für und nicht gegen dich ist!

08

GEDANKE

Du darfst unverdient alles Gute empfangen, denn das Schlechte, das du ohne unseren Herrn Jesus verdient hättest, hat er auf sich genommen.

Denn er hat den, der von keiner Sünde wusste, für uns zur Sünde gemacht, damit wir in ihm [zur] Gerechtigkeit Gottes würden. — 2. Korinther 5,21 SLT

Zögerst du, den Herrn um die Verheißungen in seinem Wort zu bitten, weil du denkst, dass du sie nicht verdienst?

Mein Freund, du und ich können nie genug tun, um uns seinen Segen zu verdienen, ganz gleich, wie aufrichtig wir sind oder wie sehr wir uns bemühen. Aber du sollst wissen, dass du heute durch den Glauben *jeden* Segen in Gottes Wort besitzen kannst.

Dies ist der Grund: Am Kreuz fand der göttliche Austausch statt. Jesus, der keine Sünde kannte, wurde für uns zur Sünde, damit wir die Gerechtigkeit Gottes in Christus werden könnten.

Lass diese Wahrheit tief in deinen Geist einsinken.

Du bist die Gerechtigkeit Gottes in Christus. Du stehst nicht in deiner eigenen Gerechtigkeit vor dem Herrn. Du kannst

furchtlos vor seinen Gnadenthron treten, weil du in Christus bist und seine Gerechtigkeit die deine ist. Das bedeutet, dass du dich nie zu fragen brauchst, ob du den Durchbruch oder den Segen verdienst, den du dir im Glauben vom Herrn erwartest. Stattdessen solltest du dich fragen: »Hat mein Herr Jesus ihn verdient?« Und weil die Antwort immer ein klares Ja ist, kannst du das Erwartete auch erhalten.

Versuche also nicht länger, dich für seine heilende Berührung oder übernatürliche Versorgung zu qualifizieren. Danke ihm einfach für sein wunderbares Geschenk der Gerechtigkeit und lass uns gemeinsam glauben, dass all das Gute, das er verdient, bereits zu dir unterwegs ist!

09

GEDANKE

Durch den Glauben hast du Zugang zu jedem Segen der Gnade.

\

*Gerecht gemacht also aus Glauben, haben wir Frieden mit Gott durch Jesus Christus, unseren Herrn. Durch ihn **haben wir auch im Glauben den Zugang zu der Gnade erhalten**, in der wir stehen, und rühmen uns der Hoffnung auf die Herrlichkeit Gottes. — Römer 5,1–2*

Wie können wir die Segnungen ergreifen, die der Herr in seiner Gnade über uns ausgeschüttet hat? Wie lassen wir sie in unserem Leben sichtbar werden? Römer 5,1–2 wie auch Römer 4,13 sagen uns, dass wir durch **die Gerechtigkeit des Glaubens** Zugang zu ihnen haben. Wir üben die Gerechtigkeit des Glaubens aus, wenn wir nicht länger versuchen, die Segnungen des Herrn durch eigene Anstrengungen zu verdienen, und stattdessen entspannt bleiben und glauben, dass er uns rechtfertigt und qualifiziert, selbst wenn wir versagen (Röm 4,5).

Weißt du, das christliche Leben ist kein Leben der Werke, sondern ein Leben des Glaubens. Es ist kein vom Tun getriebenes, sondern ein im Vertrauen ruhendes Leben. Anstatt also zu fragen: »Was muss ich *tun*, um geheilt zu werden?« oder »Was muss ich *tun*, um gesegnet zu werden?«, solltest du dir bewusst sein, dass unser Herr Jesus höchstpersönlich am Kreuz die ganze Arbeit bereits getan hat!

Wir können die Verheißungen des Herrn *empfangen*, indem wir ruhen und an das glauben, was er für uns getan hat. Auf diese Weise ergreifen wir jeden Segen der Gnade durch den Glauben!

10

Die beste Glaubenshaltung ist eine Haltung der Ruhe.

\

Er aber hat sich, nachdem er ein einziges Opfer für die Sünden dargebracht hat, das für immer gilt, zur Rechten Gottes gesetzt.
— Hebräer 10,12 SLT

Ein Leben des Glaubens ist kein Leben der Anstrengung. Es ist ein Leben der Ruhe. Wir müssen nicht unter Einhaltung irgendwelcher komplizierter, sinnloser Regeln Gott anflehen oder ihn überreden, uns diesen Durchbruch in unserer Karriere oder diese Heilung für ein Familienmitglied zu geben. Wir können einfach in dem Wissen ruhen, dass er am Kreuz für all diese Segnungen bereits bezahlt hat.

Unser Herr Jesus konnte sich zur rechten Hand des Vaters setzen, nachdem er ans Kreuz gegangen war, weil er ein vollendetes und vollkommenes Werk getan hatte (Hebr 10,12). Und er möchte, dass wir heute die gleiche innere Haltung des Sitzens und Ruhens in diesem vollbrachten Werk einnehmen.

Ruhe in ihm, während du deinem Tagesablauf folgst. Jedes Mal, wenn

Angst aufkommt oder sich entmutigende Gedanken einschleichen, erinnere dich daran, dass dein himmlischer Vater über dich wacht. Wenn du innerlich ruhst, kannst du äußerlich sehr viel mehr erreichen.

Wenn du heute ein Wunder brauchst, dann sollst du wissen, ich glaube mit dir daran – dass sich dir die Tür zu dieser Gelegenheit öffnet, dass diese zerbrochene Beziehung wiederhergestellt wird, dass die schlimme Diagnose sich zum Guten wendet. Und noch eine Sache sollst du wissen: Unser Herr Jesus ist nicht nur allzu gern bereit, dir das Wunder zu geben, das du brauchst, sondern er hat bereits vollständig dafür bezahlt!

11

GEDANKE

Wenn du ein Wunder brauchst, dann bekommst du auch ein Wunder – du musst nur Ruhe bewahren.

Frieden hinterlasse ich euch, meinen Frieden gebe ich euch; nicht, wie die Welt ihn gibt, gebe ich ihn euch. Euer Herz beunruhige sich nicht und verzage nicht.
— Johannes 14,27

Manchmal besteht der Glaube einfach in der Entscheidung, sich nicht beunruhigen zu lassen (siehe Joh 14,27). Dies gilt insbesondere, wenn dein Wunder noch nicht eingetreten ist. Vielleicht verlachst du das und denkst: *Wie soll sich mein Herz nicht beunruhigen angesichts all dessen, was in meinem Leben passiert ist?*

Ich weiß nicht, womit du es zu tun hattest bzw. hast. Mit einer wachsenden Lawine von Rechnungen? Einem niederschmetternden Untersuchungsbefund? Dem unerwarteten Verlust deines Arbeitsplatzes? Vielleicht kämpfst du mühsam gegen Panikattacken an, oder dir rasen so viele Gedanken durch den Kopf, dass du nachts keinen Schlaf mehr findest.

An diesem Punkt klingt »Frieden« für dich wahrscheinlich nach einem netten, aber völlig unerreichbaren Zustand. Schließlich sagt die menschliche Logik, dass man erst den Durchbruch schaffen muss, bevor man sich entspannen und zur Ruhe kommen kann.

Mein Freund, tatsächlich funktioniert es beim Herrn gerade andersherum. In 1. Petrus 3,10–11 heißt es: »Wer das Leben liebt und gute Tage zu sehen wünscht ... suche Frieden und jage ihm nach.« Anders gesagt: Frieden kommt vor dem Durchbruch.

Kann ich dich zu einer bewussten Entscheidung ermutigen, mit der du beschließt, dein Herz nicht beunruhigen zu lassen, auch wenn du um dich herum nur Schwierigkeiten siehst? Der Herr Jesus möchte dir jede Angst nehmen und sie durch seinen Frieden ersetzen, der das menschliche Verständnis übersteigt. Wirst du diese lähmenden Ängste heute in seine liebenden Hände entlassen? Wirst du zulassen, dass er dein Herz inmitten deiner Schwierigkeiten mit seinem Frieden stärkt? Wenn du durch Glauben in seinem Frieden bleibst, wirst du, davon bin ich von ganzem Herzen überzeugt, seine wunderwirkende Kraft erleben!

12

GEDANKE

Der Kampf des Glaubens wird mit diesen sechs Wörtern geführt: Der Kampf ist Sache des Herrn.

Der HERR [errettet] nicht durch Schwert oder Spieß; denn der Kampf ist die Sache des HERRN, und Er wird euch in unsere Hand geben! — 1. Samuel 17,47 SLT

Es gibt wohl keine berühmtere Geschichte in der Bibel als die von David und Goliat. Was brachte diesen heranwachsenden Hirtenjungen dazu, auf einen Riesen zuzulaufen, während alle anderen in die entgegengesetzte Richtung davonliefen?

Als David Goliat herausforderte, machte er deutlich, dass sein Glaube dieser einen Sache galt: »**Der Kampf ist die Sache des HERRN**, und Er wird euch in unsere Hand geben« (1Sam 17,47).

Jedes Mal, wenn du in eine der Schlachten des Lebens gerätst, sei es eine herausfordernde Situation bei der Arbeit oder eine angespannte Beziehung zu deinem Teenager-Kind, lerne zu sagen, was David gesagt hat: *Der Kampf ist Sache des Herrn.* Wenn du gestresst und besorgt bist, murmle diese sechs Worte leise vor dich hin, bis sie tief in dein Herz einsinken. Ruhe in der

Tatsache, dass der Kampf Sache des Herrn ist und der Sieg bereits dir gehört. Ich bete im mächtigen Namen unseres Herrn Jesus, dass du währenddessen seine übernatürliche Kraft und Führung erfährst, die dir in deiner Gesundheit, deinen Finanzen oder deinen Beziehungen den Durchbruch verschaffen, den du im Glauben erwartest!

13

GEDANKE

Halte durch, bis sich der Erfolg zu dreißig, sechzig und schließlich hundert Prozent zeigt.

Jesus fuhr fort: »Ich erzähle euch noch ein Gleichnis für das Reich Gottes: Ein Bauer streute Saatgut auf einem Feld aus. Ob er nun schlief oder aufstand – die Tage vergingen, die Saat keimte und wuchs ohne das Zutun des Bauern heran, denn die Erde bringt das Getreide ganz von selbst hervor. Zuerst sprießt ein Halm, dann bilden sich die Ähren und zum Schluss reift das Korn heran.

— Markus 4,26–28 NLB

Zuerst der Halm, dann die Ähre und schließlich das reife Korn. So wie ein Samenkorn Zeit braucht, um zu keimen und zu wachsen, so kann es auch einige Zeit dauern, bis der Durchbruch, auf den du im Glauben wartest, vollständig erreicht ist.

Anstatt auf deine scheinbar unveränderte Situation zu blicken und zu fragen: *Was dauert da bloß so lange?*, lerne, den Herrn wertzuschätzen und ihm für die dreißigprozentige und die sechzigprozentige Verbesserung zu danken, noch bevor du die hundertprozentige Manifestation deines Wunders siehst.

Hör nicht auf, an Gottes Güte und an den übergroßen Reichtum seiner Gnade uns gegenüber zu glauben, die durch das vollbrachte Werk unseres Herrn Jesus Christus sichtbar wurden (Eph 2,7). Denk immer daran, dass der Herr fest zu seinem Wort steht – er wird seine Zusagen unumstößlich in die Tat umsetzen. Jetzt ist nicht die Zeit, aufzugeben. Danke ihm stattdessen für jeden Schritt auf diesem Glaubensweg. Ich feuere dich an und stehe mit dir im Glauben!

14

GEDANKE

Ererbe jede seiner Zusagen durch Glaube und Geduld.

\

Liebe Brüder, wenn in schwierigen Situationen euer Glaube geprüft wird, dann freut euch darüber. Denn wenn ihr euch darin bewährt, wächst eure Geduld. Und durch die Geduld werdet ihr bis zum Ende durchhalten, denn dann wird euer Glaube zur vollen Reife gelangen und vollkommen sein und nichts wird euch fehlen. Wenn jemand unter euch Weisheit braucht, weil er wissen will, wie er nach Gottes Willen handeln soll, dann kann er Gott einfach darum bitten. Und Gott, der gerne hilft, wird ihm bestimmt antworten, ohne ihm Vorwürfe zu machen.
— *Jakobus 1,2–5* NLB

Ich weiß, es kann schmerzlich frustrierend sein, wenn man gebetet hat und nichts zu geschehen scheint. Anstatt jedoch schnell aufzugeben oder gleich ganz das Handtuch zu werfen, wenn der im Glauben erwartete Segen sich nicht blicken lässt, solltest du dir bewusst werden, dass der Herr sehr wohl an deiner Situation arbeitet und, was noch wichtiger ist, dass er auch an dir arbeitet.

Jakobus 1,2–4 sagt uns, dass in diesem Prozess des Wartens auf den Herrn unser Glaube »zur vollen Reife« gelangt, sodass er vollkommen ist und uns nichts mehr fehlt. In 2. Korinther 4,17 (SLT) wird uns zudem gesagt, dass »unsere Bedrängnis, die schnell vorübergehend und leicht ist, uns eine ewige und über alle Maßen gewichtige Herrlichkeit [verschafft]«.

Wenn du dich versucht fühlst, die Hoffnung aufzugeben, wirst du dann den Herrn um Weisheit bitten, die dich sehen lässt, was er in deinem Leben tut und worauf du dich jenseits deiner Herausforderung freuen kannst? Wirst du dir Predigten anhören, die dich mit dem Bewusstsein seiner Treue erfüllen und dich daran erinnern, wie mächtig er ist? Wirst du aufhören, dich nur auf die negativen Mitteilungen der Ärzte oder der Nachrichtenmedien zu konzentrieren, und stattdessen anfangen, Botschaften über all das zu hören, was er am Kreuz für dich getan hat?

Der Herr liebt dich so sehr. Auch wenn du nicht verstehst, warum bestimmte Dinge in deinem Leben geschehen, bete ich, dass du ihm weiterhin im Glauben vertraust. Zähle darauf, dass er alles im Griff hat und dass er jede Situation zum Guten für dich führt (Röm 8,28)!

15

GEDANKE

Gib dich nicht mit weniger als seinem Besten zufrieden.

Und so sage ich euch, bittet weiter, und ihr werdet erhalten, worum ihr bittet. Sucht weiter, und ihr werdet finden. Klopft weiter an, und die Tür wird euch geöffnet werden.
— Lukas 11,9 NLT

H at das Leben dich so sehr zermürbt, dass du beschlossen hast, es sei einfacher, dich mit deinem Schicksal abzufinden, anstatt an den Zusagen festzuhalten, an die du einst geglaubt hast?

Wenn das auf dich zutrifft, darf ich dich ermutigen, dich nicht mit einem Leben voller Schmerzen zufrieden zu geben, wenn doch unser Herr Jesus deine Krankheiten und Leiden schon getragen hat? Finde dich nicht mit Mangel ab, wenn doch unser Herr Jesus völlig mittellos gemacht wurde am Kreuz, damit deine Bedürfnisse erfüllt werden können. Ergib dich nicht den Ängsten, Depressionen und dem Stress, wenn doch unser Herr Jesus die Dornenkrone getragen hat, um dich von jeder psychischen Unterdrückung zu erlösen. Gib dich nicht mit »gut genug« zufrieden, wo doch Gott das Beste

des Himmels, seinen geliebten Sohn, für dich auf-
gegeben hat. Wenn der Vater seinen eigenen Sohn nicht
verschont hat, sondern ihn für dich hingegeben hat,
wie sollte er dir dann mit ihm nicht auch alles andere
schenken (Röm 8,32)?

Vielleicht denkst du ja: *Aber Sie wissen nicht,
Pastor Prince, wie lange ich schon auf meinen Durchbruch warte!*

Du hast recht – das tue ich nicht.

Aber wovon ich weiß, ist diese Zusicherung von
unserem Herrn Jesus selbst: »Bittet weiter, und ihr
werdet erhalten, worum ihr bittet. Sucht weiter, und ihr
werdet finden. Klopft weiter an, und die Tür wird euch
geöffnet werden« (Luk 11,9 NLT).

Ich weiß, es ist nicht leicht, weiter zu glauben, wenn
man immer wieder enttäuscht worden ist.

Aber halte durch – gib nicht auf!

Gib den Wunsch nach einem Lebenspartner, nach
einem sicheren Arbeitsplatz oder nach Heilung für dein
Kind nicht auf. Hör nicht auf zu glauben, dass deine
Ehe wieder belebt, deine Schulden beglichen oder deine
Sucht gebrochen wird.

Richte den Blick auf deinen Retter und lass nicht zu,
dass der Feind dein Vertrauen in die Verheißungen des
Herrn untergräbt. Richte deine Bitten weiterhin an den

Einen, der dich so sehr liebt, dass er mit Freuden sein Leben für dich hingab.

Höre dir einfach weiter Predigten an, die von seiner Gnade erfüllt sind, und lies immer wieder Zeugnisse von Menschen, die ihre Wunder entgegen aller Wahrscheinlichkeit empfangen haben. Ich bete, dass der Herr dir dabei eine Offenbarung schenkt, die deinen Glauben befeuert und dir die nötige Beharrlichkeit gibt, um seine Zusagen in deinem Herzen bewahren zu können, während du auf ihre Erfüllung wartest!

16

GEDANKE

Wenn du Jesus in seiner Gnade siehst, sieht er dich in deinem Glauben!

Unterwegs berührte eine Frau, die seit zwölf Jahren an starken Blutungen litt, von hinten heimlich ein Stück seines Gewandes. Denn sie dachte: »Wenn ich wenigstens seine Kleider berühren kann, werde ich bestimmt gesund.«
Jesus drehte sich um, sah sie an und sagte: »Du kannst unbesorgt sein, meine Tochter! Dein Glaube hat dich geheilt.« Im selben Augenblick war die Frau gesund.
— Matthäus 9,20–22 HFA

Fühlst du dich untauglich, die Segnungen des Herrn zu empfangen, weil du denkst, du hättest nicht »genügend Glauben«?

Unaufhaltsamer Glaube entsteht nicht durch die Fokussierung auf den eigenen Glauben. Die Frau mit den starken Blutungen aus Matthäus 9,20–22 war sich ihres Glaubens gar nicht bewusst. Sie nahm nur die Heilungskraft wahr, die vom Herrn Jesus ausströmte, der umherging und *alle* heilte, die ihn berührten (Mk 6,56).

Ich glaube, sie hörte und sah, dass er nicht nur solche heilte, die ein perfektes

Leben führten – er heilte nicht nur diejenigen, die alle Gesetze auswendig konnten, oder diejenigen, die »nie« gesündigt hatten. Niemand musste sich die eigene Heilung verdienen oder für seine Befreiung etwas leisten. Heilung wurde aus Gnade gewährt. Als sie Jesus in seiner Gnade sah, sah er sie in ihrem Glauben und sagte zu ihr: »Dein Glaube hat dich geheilt« (Mt 9,22).

Worauf auch immer du im Glauben hoffst, mach dir keine Gedanken darüber, wie du zu mehr Glauben kommst. Dein Beitrag besteht darin, dich nicht auf deinen eigenen Glauben zu verlassen. Du hast keine andere Aufgabe, als einfach unseren Herrn Jesus in seiner Gnade zu sehen, und das sieht er als Glauben an!

17

GEDANKE

Unvollkommener Glaube ist kein Hindernis für seine Gnade.

\

Denn was sagt die Schrift? Abraham glaubte Gott und das wurde ihm als Gerechtigkeit angerechnet. — Römer 4,3

Manchmal können wir nicht anders, wenn wir beten, als uns bewusst zu sein, wie unvollkommen unser Glaube ist. Wir wissen, dass es einen Teil von uns gibt, der glaubt, aber genauso auch einen Teil, der zweifelt, und wir fragen uns, ob wir durch diese Zweifel unsere Aussicht auf eine Antwort von ihm verwirken.

Freund, der Herr ist so gnädig, dass er nur deinen Glauben und nicht deine Zweifel sieht. So ist er auch mit Abraham, dem Vater unseres Glaubens, umgegangen. In Römer 4,20–21 heißt es, dass Abraham »nicht im Unglauben an der Verheißung Gottes [zweifelte]« und »fest davon überzeugt [war], dass Gott die Macht besitzt, auch zu tun, was er verheißen hat«. Doch in 1. Mose 17,17 sehen wir, dass Abraham ungläubig gelacht hat, als der Herr ihm zum ersten Mal von der Verheißung erzählte!

Die Sache ist die: Weil Abraham durch den Glauben gerecht war (Röm 4,3), reagierte der Herr auf seinen Glauben und erwähnte in Römer 4,20–21 nichts von seinem Zweifel. Dasselbe gilt heute für dich. Darum kannst du mit deinem unvollkommenen Glauben zum Herrn kommen und die Gewissheit haben, dass er dir trotzdem antworten wird!

18

GEDANKE

Auch ein kleiner Glaube ist mächtig.

Der Herr erwiderte: »Wenn ihr Glauben hättet wie ein Senfkorn, würdet ihr zu diesem Maulbeerbaum sagen: ›Entwurzle dich und verpflanz dich ins Meer!‹ und er würde euch gehorchen.« — Lukas 17,6

Das Senfkorn gehört zu den kleinsten aller Samen. Einige Senfsamen sind nicht größer als der Punkt am Ende dieses Satzes. Der Maulbeerbaum andererseits erreicht eine Höhe von mehr als sechs Metern. Er hat einen starken, dicken Stamm und weit ausgebreitete Wurzeln. Was also ist ein senfkorngroßer Glaube im Vergleich zu einem Problem in Größe eines Maulbeerbaums? Unser Herr Jesus sagt: »Mächtig genug, um es zu entwurzeln!« (siehe Lk 17,6).

Schau also nicht auf den Glauben anderer Leute, bis du dich entmutigt fühlst, weil dir dein Glaube vergleichsweise klein erscheint. Doch selbst **wenn dir dein Glaube klein vorkommt, möchte der Herr, dass du ihn zu gebrauchen beginnst.**

Möchtest du, dass ich dir zeige, wie das geht? Fang an, indem du morgens aufstehst und sagst: »Dies ist der Tag, den der Herr gemacht hat. Dies wird dank der Gnade Gottes meine bisher beste Woche sein.« Ich bin überzeugt, je weniger du dich auf deinen Glauben fixierst und stattdessen einfach seine Verheißungen aussprichst, desto mehr übernatürliche Ergebnisse wirst du in deinem Leben sehen!

19

GEDANKE

Glaube kommt, wenn du das Evangelium der Gnade hörst.

\

Und doch kommt der Glaube durch das Hören dieser Botschaft, die Botschaft aber kommt durch das Wort Christi.

— Römer 10,17 NLB

Je öfter du Botschaften über das Evangelium der Gnade hörst, desto mehr Glauben wirst du haben, um dein Wunder zu empfangen.

Wir sehen dies durch Paulus belegt, dem Apostel der Gnade, als er an einem Ort namens Lystra predigte. Ein Mann, der schon verkrüppelt auf die Welt gekommen war, hörte ihm zu. Die Bibel berichtet uns, als Paulus »ihn fest anblickte und sah, dass er Glauben hatte, geheilt zu werden, sprach er mit lauter Stimme: ›Stelle dich gerade hin auf deine Füße! Und er sprang auf und ging umher‹« (Apg 14,8–10 ELB).

Wie kam es dazu, dass dieser Mann den Glauben hatte, von einer lebenslangen Behinderung geheilt zu werden? Dieser Glaube wurde ihm vermittelt, während er einfach nur zuhörte, wie Paulus die gute Nachricht über Jesus Christus predigte.

Weißt du, was das für dich und mich bedeutet? Es bedeutet, dass auch uns Glaube vermittelt wird, wenn wir uns Zeit nehmen, um Botschaften über unseren Herrn Jesus, die Vollkommenheit seines Werkes am Kreuz und das Wunder seiner Gnade zu hören!

Es gibt viele großartige Prediger, denen du zuhören kannst, aber wenn du nicht weißt, wo du anfangen sollst, empfehle ich dir, die Joseph-Prince-App herunterzuladen (app.JosephPrince.com). Sie bietet Predigten, die unseren Herrn Jesus verherrlichen, und Zeugnisse von Menschen, die seine wunderwirkende Kraft erfahren haben. Ich glaube fest daran, dass das wiederholte Hören des Evangeliums der Gnade deinen Glauben wachsen lassen wird, und gemeinsam mit dir glaube ich, dass dein Durchbruch bereits auf dem Weg zu dir ist!

20

GEDANKE

Wenn du dich nährst, kämpfst du zugleich!

\

Wenn du dich heute Feinden gegenübersiehst, seien es Feinde in Form von Krankheit, Schulden oder Entmutigung, sollst du eines wissen: Der Herr bereitet dir ein Festmahl im Beisein deiner Feinde – nicht in deren Abwesenheit (Ps 23,5 NLT).

Willst du wissen, wie du die Feinde in deinem Leben überwinden kannst? Der Herr möchte, dass du dich inmitten dieser Symptome, die in deinem Körper wüten, inmitten der Sucht, die dir zu schaffen macht, hinsetzt und dich von seinem Wort nährst. Auf diese Weise kämpfst du den Kampf des Glaubens.

Es ist nämlich so, dass das hebräische Wort für *nähren* (*lacham*) zugleich *kämpfen* bedeutet.[1] Findest du das nicht interessant? Ich glaube, damit will der Herr dir zeigen, dass die Art und Weise, wie du gegen die Angriffe des Feindes ankämpfen kannst, darin besteht, dich zu nähren und zu sättigen: mit Bibelstellen, die die Liebe und

Gnade des Herrn dir gegenüber offenbaren, mit Botschaften, die dir ein tieferes Verständnis davon geben, was er am Kreuz für dich vollbracht hat, und mit täglichen Andachten, die dich an dein Erbteil in Christus erinnern.

Lass dich von deinen Feinden nicht einschüchtern. Der Herr ist mit dir. Und während du dich nährst und sättigst und in einer inneren Haltung der Ruhe verharrst, geht der Herr an die Arbeit und besiegt deine Feinde für dich!

21

GEDANKE

Finde Glaubensbilder in seinem Wort.

Und gleicht euch nicht dieser Welt an, sondern lasst euch verwandeln durch die Erneuerung des Denkens, damit ihr prüfen und erkennen könnt, was der Wille Gottes ist: das Gute, Wohlgefällige und Vollkommene! — Römer 12,2

Wusstest du, dass deine Wahrnehmung deine Realität bestimmt? Bevor der Herr deine Situation verändert, ändert er oft erst, wie du sie siehst. Als Abraham und Sarah keine Kinder bekommen konnten, gab Gott Abraham ein Glaubensbild, an dem er sich festhalten konnte. Er führte Abraham eines Nachts hinaus und zeigte ihm die unzähligen Sterne am Himmel. Er sagte: »So zahlreich werden deine Nachkommen sein« (1Mo 15,5).

Heute ändert Gott unsere Sichtweise, indem er uns Glaubensbilder aus seinem Wort gibt. Wenn du berufliche oder gesundheitliche Probleme hast, finde dich mit der Situation nicht einfach ab. Psalm 1,3 zeigt dir, wie du dich selbst sehen solltest: »Wie ein Baum, gepflanzt an Bächen voll

Wasser, der zur rechten Zeit seine Frucht bringt und dessen Blätter nicht welken. Alles, was er tut, es wird ihm gelingen.«

Wenn es scheint, als gäbe es in deiner Ehe oder in der Beziehung mit deinen Teenager-Kindern ständig Streitereien, sodass ihr einander nicht in die Augen sehen und euch schon gar nicht lieben könnt, dann gibt dir Psalm 128,3 (NLB) ein Bild von einer gesegneten Familie – einer Frau, die »wie ein fruchtbarer Weinstock« ist, und Kindern, die »stark und gesund wie junge Olivenbäume« um deinen Tisch herum sitzen.

Jede Verheißung in seinem Wort gehört für dich als Kind Gottes zu deinem Erbe. Falls du zum jetzigen Zeitpunkt seine Segnungen noch nicht in allen Bereichen erlebst, halte trotzdem an ihnen fest. Erneuere dein Denken immer weiter durch sein Wort und erlaube ihm, jede Lüge, an die du bisher geglaubt hast, wegzuwaschen. Beginne noch heute damit, Glaubensbilder aus seinem Wort zu sammeln. Ich freue mich darauf, dein Leben in ein Zeugnis seiner Gnade und Güte verwandelt zu sehen!

22

GEDANKE

So wie Christus ist, bin auch ich in dieser Welt.

Darin ist die Liebe bei uns vollkommen geworden, dass wir Freimütigkeit haben am Tag des Gerichts, denn gleichwie Er ist, so sind auch wir in dieser Welt.
— 1. Johannes 4,17 SLT

So wie unser Herr Jesus *ist*, so sind wir in dieser Welt (1Joh 4,17).

Was für eine unglaubliche, atemberaubende Wahrheit.

Ich bete in Jesu mächtigem Namen, dass diese Wahrheit jetzt in deinem Herzen Fuß fasst. Wenn du diese Wahrheit glaubst, wirst du über jede negative Situation in deinem Leben zu herrschen beginnen.

Epheser 1,20–21 (GNB) sagt uns, dass unser Herr Jesus heute in der himmlischen Welt zur Rechten Gottes sitzt. Dort thront er »über allen unsichtbaren Mächten und Gewalten, über allem, was irgend Rang und Namen hat, in dieser Welt und auch in der kommenden«. So wie unser Herr Jesus über allen unsichtbaren Mächten und Gewalten thront, so tust es auch du. So wie er hoch über jeder Angst und Depression ist, so bist es auch du. So wie er über destruktive Gewohnheiten und Abhängigkeiten erhaben ist, so bist es auch du. So wie er weit über jeder Krankheit und allen Seuchen ist, einschließlich neuer Virenstämme, auf die die Medizin keine Antworten hat, so bist es auch du!

Ich habe so viele Zeugnisse von wertvollen Menschen aus der ganzen Welt erhalten, die erlebt haben, wie sich ihre Lage wendete, als sie begannen, an dieser Wahrheit festzuhalten. Ich glaube, dass auch du deinen Durchbruch erhalten wirst, sei es in Bezug auf deine Gesundheit oder deine Finanzen.

Ganz gleich, welchen Schwierigkeiten du heute vielleicht gegenüberstehst, nimm deinen Glauben in Anspruch und sieh dich selbst so, wie unsere Herr Jesus ist – hoch über allem thronend!

GEDANKE

Es liegt Kraft in deinem »Amen«!

\

Die Macht, deine Umstände zu verändern, liegt in deinem Mund. Die Worte, die du sprichst, öffnen die Tür zum Guten oder zum Schlechten in deinem Leben (Spr 18,21). Wenn ich du wäre, würde ich genau darauf zu achten beginnen, welche Worte ich ausspreche! Sagst du Dinge wie: »Mit zunehmendem Alter wird mein Körper verfallen« oder »Es hat keinen Sinn, es zu versuchen, ich werde nie von dieser Sucht loskommen«?

Ich möchte dich dazu aufrufen, noch heute damit zu beginnen, deine Worte mit den Zusagen von Gottes Wort in Einklang zu bringen. Fang an, in Übereinstimmung mit dem Wort Gottes zu reden, anstatt mit dem, was die Welt sagt. Eine einfache, aber wirkungsvolle Möglichkeit, dies zu tun, ist Folgende: Jedes Mal, wenn du eine Verheißung oder einen Segen in seinem Wort liest oder wenn du Predigten über die guten

Absichten hörst, die dein himmlischer Vater mit dir und deiner Familie hat, antwortest du mit einem »Ja« und »Amen« (2Kor 1,20). *Amen* bedeutet »so sei es«.[2] Jedes Mal, wenn du es sagst, bringst du dich in Übereinstimmung mit dem, was der Herr in deinem Leben tun will, und öffnest seiner Kraft die Tür, damit sie in deine Situation hineinfließen kann.

Wenn das Wort sagt: »Der HERR wird deine Feinde, die sich gegen dich auflehnen, vor dir geschlagen dahingeben; auf einem Weg werden sie gegen dich ausziehen und auf sieben Wegen vor dir fliehen« (5Mo 28,7 SLT), dann sagst du: »Amen!«

Wenn das Wort sagt: »Aber die auf den HERRN harren, kriegen neue Kraft, dass sie auffahren mit Flügeln wie Adler, dass sie laufen und nicht matt werden, dass sie wandeln und nicht müde werden« (Jes 40,31 SLT), sagst du: »Amen!«

Mit welcher toten Situation du es auch zu tun hast, finde eine passende Zusage in seinem Wort und sprich heute Leben über diese Situation aus. Amen!

GEDANKE

Sprich die Sprache des Glaubens.

Weil wir aber denselben Geist des Glaubens haben, gemäß dem, was geschrieben steht: »Ich habe geglaubt, darum habe ich geredet«, so glauben auch wir, und darum reden wir auch.
— 2. Korinther 4,13 SLT

Gott ruft das, was nicht ist, als wäre es da (Röm 4,17 SLT), und er möchte, dass wir dieselbe Sprache des Glaubens sprechen (2Kor 4,13). Wenn du berufliche oder gesundheitliche Probleme hast, finde dich mit der Situation nicht einfach ab. Er sprach nicht aus, was er sah; er sprach aus, was er sehen wollte.

Anstatt dein Leben trostlos zu sehen und negative Worte voller Angst zu sprechen, sprich die Segnungen des Herrn in dein Leben und erlebe, wie seine Kraft sich ausbreitet und deine Realität verändert.

Weil du ein Gläubiger des neuen Bundes in Christus bist, sind seine Worte in deinem Mund so mächtig, wie sie es in seinem Mund sind!

25

GEDANKE

Glaube ist die Hand, die nimmt.

Da sprach er zu ihnen: Was seid ihr so furchtsam, ihr Kleingläubigen? Dann stand er auf und befahl den Winden und dem See; und es entstand eine große Stille.
— Matthäus 8,26 SLT

Man beachte, dass unser Herr Jesus seine Jünger nie mit Worten wie diesen zurechtwies: »Wie könnt ihr es wagen, von mir zu schöpfen? Was fällt euch ein, mich um so etwas Großes zu bitten?« Sein ständiger Refrain war stattdessen: »O ihr Kleingläubigen« (Mt 6,30; 8,26; 14,31). Jedes Mal, wenn der Herr dies aussprach, sagte er im Wesentlichen: »Warum nehmt ihr so wenig von mir?« Welch große Ermutigung können wir aus dieser liebevollen Erinnerung schöpfen.

Es ist nämlich so, dass der Glaube die Hand ist, die nimmt, was der Herr großzügig gegeben hat.

Jesus liebt es, wenn man aus ihm schöpft. Er liebt es, »benutzt« zu werden. Er nannte sich selbst »das Brot des Lebens« und »das Licht der Welt« (Joh 6,35; 8,12).

Was tut man mit Brot und mit Licht? Beides benutzt man!

Erlebe heute, wie der Herr dir alles gibt, was du brauchst, sei es Gunst am Arbeitsplatz, Weisheit für die Elternschaft oder Gesundheit und Schutz für dich und deine Lieben. Er lädt dich unentwegt dazu ein, mehr von ihm zu nehmen. Also greif zu!

26

GEDANKE

Hab keine Scheu, um Großes zu bitten.

\

Aber Jabez betete zum Gott Israels und rief: »Bitte segne mich doch und erweitere mein Gebiet! Steh mir bei mit deiner Kraft und bewahre mich vor Unglück! Kein Leid möge mich treffen!« Und Gott erhörte sein Gebet. — 1. Chronik 4,10 HFA

Der Herr liebt kühnen Glauben. Lass ihn dir von niemandem rauben. Achte nicht auf die Stimmen, die sagen: *Glaubst du nicht, dass du schon viel zu oft mit dieser Situation zu Gott gekommen bist? Meinst du nicht, dass du Gott um zu viel bittest?* Es ist keine Schande, um etwas zu bitten. Sein Wort sagt uns, dass wir nicht haben, weil wir nicht bitten (Jak 4,2). Wenn du dich bisher gescheut hast, den Herrn um das, was du brauchst, zu bitten, dann möchte ich dich ermutigen, jetzt alle Scheu abzulegen.

In 1. Chronik 4,9–10 wird die Geschichte eines Mannes namens Jabez erzählt, der mit einer großen Bitte zum Herrn kam. Er kam und opferte nichts, bat den Herrn aber, ihn zu segnen, ihm Wohlstand zu bringen und mit ihm zu sein, um ihn vor Schaden zu bewahren. Jabez hatte einen einfachen und kühnen Glauben, der sich allein auf die Gnade des Herrn, auf seine unverdiente Gunst, stützte. Wie hat der Herr darauf reagiert? Er gab Jabez nicht nur alles, worum dieser ihn bat, sondern nannte ihn auch noch »angesehener als alle seine Brüder«.

Der Herr nennt solch einfachen und kühnen Glauben lobenswert. Bitte also um Großes und sei dir gewiss, dass er mehr als bereit ist, deine Bitten zu erfüllen!

27

GEDANKE

Selbst wenn du unterzugehen beginnst, folgt keine Verurteilung.

Jesus sagte: Komm! Da stieg Petrus aus dem Boot und kam über das Wasser zu Jesus. Als er aber den heftigen Wind bemerkte, bekam er Angst. Und als er begann unterzugehen, schrie er: Herr, rette mich! Jesus streckte sofort die Hand aus, ergriff ihn und sagte zu ihm: Du Kleingläubiger, warum hast du gezweifelt?
— Matthäus 14,29–31

Petrus tat das Unmögliche – er ging auf dem Wasser.

Er ging nicht etwa deshalb aufs Wasser, weil der See still und glatt vor ihm gelegen wäre. Tatsächlich sagt uns die Bibel genau, wie die Lage war, als Petrus aus dem Boot stieg: Sie hatten Gegenwind und wurden von den Wellen hin und her geworfen (Mt 14,24). Der Herr Jesus war der alleinige Grund, weshalb er überhaupt auf dem Wasser gehen konnte.

Was geschah dann? Warum begann Petrus unterzugehen?

Er wandte seinen Blick vom Herrn Jesus ab und richtete ihn auf den Wind.

Mein Freund, vielleicht kannst du dich mit Petrus identifizieren. Vielleicht hast du Gott beim Wort genommen und dich im Glauben hinausgewagt. Obwohl der Börsenkurs ins Bodenlose stürzte und die Konjunkturaussichten um dich herum ins Wanken gerieten, hast du auf ihn vertraut. Und für einen Augenblick bist du übers Wasser gelaufen.

Dann begannst du zu sinken.

Wenn das für dich vertraut klingt, möchte ich, dass du siehst, was unser Herr Jesus für Petrus tat, als dieser zu versinken begann. Sofort fing er Petrus auf und fragte ihn: »Warum hast du gezweifelt?« (Mt 14,31).

Sei nicht von dir selbst enttäuscht, wenn du im Zweifel versinkst. Selbst Petrus, der auf dem Wasser lief, zweifelte, als er seine Augen vom Herrn abwandte. Richte deinen Blick einfach wieder auf Jesus – den Einen, der dich immer auffangen wird, wenn du fällst. Mit deiner Hand in seiner wirst du über dem Sturm laufen!

28

GEDANKE

Hab Glauben! Gott verändert jede Situation zum Guten für dich.

Und wir wissen, dass für die, die Gott lieben und nach seinem Willen zu ihm gehören, alles zum Guten führt. — Römer 8,28 NLB

Es kann leicht passieren, dass du entmutigt wirst, wenn du deine Situation betrachtest und es so aussieht, als würde sich nichts ändern. Vielleicht fragst du: »Herr, bist du wirklich da? Interessiert dich das alles überhaupt?«

Mein Freund, der Herr liebt dich mehr, als du jemals begreifen wirst. Er ist zutiefst in dein Leben eingebunden und du liegst ihm so sehr am Herzen. Auch wenn er sich vielleicht nicht so zeigt, wie er es deiner Ansicht nach tun sollte, ist er dennoch präsenter und aktiver, als dir bewusst ist.

Wenn du nichts sehen kannst, dann vertrau einfach. Am Kreuz hat er ein für alle Mal seine Liebe zu dir bewiesen. Hab Vertrauen, dass er sich um dich kümmert und hinter den Kulissen daran arbeitet, *alle* Dinge zu deinem Wohl zusammenwirken zu lassen, selbst die negativen Dinge, die sich gegen dich zu richten scheinen (Röm 8,28).

29

GEDANKE

Richte deinen Blick auf Jesus, und nicht nur auf das erhoffte Ergebnis.

Und er begann bei Mose und bei allen Propheten und legte ihnen in allen Schriften aus, was sich auf ihn bezieht.
— Lukas 24,27 SLT

Möchtest du den Schlüssel zu einem Glauben wissen, der gegen jede Enttäuschung gefeit ist?

Wenn wir enttäuscht und mutlos werden, manchmal bis hin zu dem Punkt, dass wir die Hoffnung verlieren und den Glauben aufgeben, liegt das daran, dass die Dinge anders verlaufen, als wir es gern hätten.

So erging es zwei Jüngern unseres Herrn Jesus Christus auf dem Weg nach Emmaus. Sie hatten gehofft, dass er derjenige wäre, der Israel erlösen würde, und waren am Boden zerstört, als er gekreuzigt wurde. Sie sahen nicht den Ausgang, auf den sie gehofft hatten, und so trotteten sie mit schwerem Herzen die Straße entlang (siehe Lk 24,13–24).

Achte darauf, was unser Herr Jesus tat: Er öffnete ihnen das Wort Gottes und

lenkte ihren Blick wieder auf sich selbst
(Lk 24,27).

Richte deine Augen heute auf unseren
Herrn Jesus. Lass seine Liebe und sein voll-
brachtes Werk zum Mittelpunkt in deinem
Herzen werden. Wenn dein Glaube auf *ihn*
gerichtet ist, und nicht nur auf das erhoffte
Ergebnis, wird er belastbar und stark!

GEDANKE

Sieh deine Riesen durch die Brille des Glaubens.

*Wenn der HERR uns wohlgesinnt ist und uns in dieses Land bringt, dann schenkt er uns ein Land, in dem Milch und Honig fließen. Lehnt euch nur nicht gegen den HERRN auf! Habt keine Angst vor dem Volk des Landes, denn **sie werden wie Brot sein**, das wir verschlingen! Ihr schützender Schatten ist von ihnen gewichen, denn der HERR ist mit uns. Habt keine Angst vor ihnen! — 4. Mose 14,8–9*

Als Josua und Kaleb zusammen mit zehn anderen Spionen das gelobte Land ausspähten, waren sie beide die Einzigen, die mit einem guten Lagebericht zurückkamen, der die Riesen im Land als *Brot* – Nahrung für ihren Glauben – beschrieb.

Beachtenswert ist, dass sie nicht sagten: »Es gibt keine Riesen in dem Land.« Der Glaube leugnet nicht, dass das Problem existiert. Der Glaube weiß um das Problem, bleibt dort aber nicht stehen. Vielmehr weiß er gewiss, dass der Herr sehr viel größer ist.

Denk heute daran, dass der Herr größer ist als die Krankheit in deinem Körper, größer als die Herausforderung, vor der du bei der Arbeit oder zu Hause stehst, und größer als jede wirtschaftliche Krise auf der Welt. Und das Beste von allem: Er ist immer *bei* dir und er ist immer *für* dich. Deine Riesen sind Brot für dich und der Sieg ist dein!

GEDANKE

Glaube an die Liebe des Vaters!

Im Verlauf der Bibel stellt sich unser Gott unter vielen verschiedenen Namen vor. Er ist *El-Eljon*. Er ist *Elohim*. Er ist *El-Schaddai*. Aber der wichtigste Name Gottes, den du kennen musst, ist der Name, den unser Herr Jesus selbst offenbart hat. Es ist der Name *Vater* (Joh 17,25–26).

Gott als deinen liebenden himmlischen Vater zu kennen, wird alle Ängste und Zweifel vertreiben, die du darüber hast, ob er dich wirklich segnen, heilen, beschützen und für dich sorgen will.

Unser Herr Jesus sagte, wenn wir trotz unserer gefallenen Natur unseren Kindern Gutes zu geben wissen, *wie viel mehr* wird unser Vater im Himmel denen Gutes geben, die ihn darum bitten (siehe Mt 7,11).

Was auch immer du heute brauchst, laufe ungehindert und ohne Furcht oder

Vorbehalte zu deinem Abba-Vater und bitte ihn darum. Er wird dir nichts Gutes vorenthalten. *Alle* seine Zusagen sind in Christus »Ja« und »Amen« (2Kor 1,20)!

ANMERKUNGEN

1   OT: 3898, James Strong, *Biblesoft's New Exhaustive Strong's Numbers and Concordance of the Bible with Expanded Greek-Hebrew Dictionary.* Copyright © 1994, 2003, 2006 Biblesoft, Inc. and International Bible Translators, Inc.

2   NT: 281, James Strong, *Biblesoft's New Exhaustive Strong's Numbers and Concordance of the Bible with Expanded Greek-Hebrew Dictionary.* Copyright © 1994, 2003, 2006 Biblesoft, Inc. and International Bible Translators, Inc.

GEBET FÜR
DEINE ERRETTUNG

Wenn du alles empfangen möchtest, was Jesus für dich getan hat, und ihn zu deinem Herrn und Retter machen möchtest, sprich bitte folgendes Gebet:

Herr Jesus, danke, dass du mich liebst und am Kreuz für mich gestorben bist. Dein kostbares Blut wäscht mich von jeder Sünde rein. Du bist jetzt und für immer mein Herr und mein Retter. Ich glaube, dass du von den Toten auferstanden bist und heute lebst. Durch dein vollbrachtes Werk bin ich nun ein geliebtes Kind Gottes und mein Zuhause ist der Himmel. Danke, dass du mir das ewige Leben schenkst und mein Herz mit deinem Frieden und deiner Freude erfüllst. Amen.

WIR WÜRDEN UNS FREUEN,
VON DIR ZU HÖREN

Wenn du das Gebet für deine Errettung gebetet hast oder uns nach dem Lesen dieses Buches gern ein Zeugnis erzählen möchtest, schreib uns:

www.JosephPrince.de/Zeugnis

BLEIB MIT JOSEPH IN KONTAKT

Über die folgenden Social-Media-Kanäle kannst du mit Joseph in Kontakt bleiben und täglich inspirierende Impulse (in englischer Sprache) erhalten:

Facebook.com/JosephPrince
Twitter.com/JosephPrince
YouTube.com/JosephPrinceOnline
Instagram: @JosephPrince

KOSTENLOSE TÄGLICHE E-MAIL-ANDACHTEN

Trage dich unter **josephprince.de/andachten** in den Verteiler für Josephs kostenlose E-Mail-Andachten ein und erhalte jeden Tag kurze Botschaften, die dir helfen, in der Gnade zu wachsen.

ÜBER DEN AUTOR

JOSEPH PRINCE ist eine der bekanntesten Stimmen weltweit, die das Evangelium der Gnade verbreiten – vor allem durch seine Bücher, seine TV-Sendungen und als Konferenzsprecher. Seit über zwei Jahrzehnten verkündigt er Gottes Wort auf neue, erfrischende und erhellende Weise und hebt die Größe Jesu hervor. Er ist leitender Pastor der New Creation Church in Singapur, einer dynamischen Gemeinde, die jeden Sonntag mehr als 33.000 Gottesdienstbesucher zählt. Sein Fernsehdienst Joseph Prince Ministries hat zum Ziel, Menschen mit dem Evangelium Jesu Christi aufzubauen, zu ermutigen und zu inspirieren. Er ist zudem Bestsellerautor von *Die Kraft des richtigen Glaubens* und *Zur Herrschaft bestimmt*. Joseph ist glücklich verheiratet mit Wendy; gemeinsam haben sie zwei Kinder, Jessica Shayna und Justin David.

Verankert

Einsamkeit. Unzulänglichkeit. Furcht. Scham.
Die erdrückende Last der Angst. Das sind Stürme, wie wir
sie alle schon erlebt haben. Und manchmal können sie uns
wirklich nach unten ziehen. Aber der Herr sagt, verankert
in seiner vollkommenen Liebe, Gnade und Gerechtigkeit
können wir jeden Sturm überstehen. Wie man mitten
im Sturm fest in Jesus verankert bleibt, zeigt dieses
Andachtsbuch mit 28 leicht lesbaren Gedanken – einen
für jeden Tag. Am Schluss jeder Woche findet sich Platz
für eigene Gedanken, dazu noch ein paar Fragen zum
Weiterdenken und ein kraftvolles, inspirierendes Gebet.

Unverdiente Gunst

Lebe die Träume aus, die Gott in dein Herz hineingelegt hat!
Unverdiente Gunst baut auf grundlegenden Erkenntnissen
über Gottes Gnade auf und gibt dir ein tieferes Verständnis
von der Gerechtigkeit, die du dank dem am Kreuz
vollbrachten Werk Jesu empfangen hast.
Du erfährst, wie dieses Geschenk dich auf übernatürliche
Weise befähigt, ein gelingendes Leben zu führen.
Vollgepackt mit stärkenden Wahrheiten des neuen Bundes,
weist dir dieses Buch den Weg in eine Freiheit, die dich jede
Herausforderung bestehen lässt und dich – als von Gott
geliebter Mensch – zum siegreichen Überwinder macht.

Iss dich zu Leben und Gesundheit

Bestraft Gott durch Krankheiten? Habe ich Anspruch auf Heilung? Und was, wenn nichts passiert? Joseph Prince gibt Antworten auf Fragen wie diese, während er durch biblisch fundierte Lehre eine Offenbarung über das Abendmahl entfaltet, die noch nie relevanter war als heute. Erfahre, warum Gott uns gerade durch das Abendmahl Leben, Gesundheit und Heilung zufließen lässt.

Lass los und lebe

»*Lass los und lebe*« zeigt dir: Wenn du Ordnung in dein
Inneres bringst, wird auch das Durcheinander in deinem
äußeren Lebensbereich ein Ende finden. Entdecke, dass du
nicht dazu geschaffen bist, besorgt und gestresst zu leben.
Gott hat dich zu einem Leben der Ruhe berufen!
Lerne, Stress loszulassen, und Gottes Gnade wird
in deinem Leben unvermindert fließen.